Livret d'Électeur

Décret du Gouvernement provisoire de la République française, **du 5 mars 1848** :

ARTICLE 5. — Le suffrage sera direct et universel.

Le *Livret d'Électeur* enseigne au citoyen comment il peut et doit exercer ses droits et remplir ses devoirs.

Le *Livret d'Électeur* sert à conserver le nom des candidats; leurs programmes; leurs votes au cours des mandats.

Le *Livret d'Électeur* sert encore à faciliter les votes futurs et à suivre strictement une ligne de conduite politique.

Armand **Colin** & Cie, Éditeurs

5, rue de Mézières, **Paris**

Présentation du Livret d'Électeur

Voter n'est pas seulement *un droit ; c'est un devoir*, — dont il faut bien connaître le caractère et les conditions.

C'est un devoir auquel on manque trop souvent! Trop de citoyens restent indifférents au choix des représentants du peuple, à la désignation des délégués et des interprètes de la souveraineté nationale. Il leur est donc égal que les impôts soient justes ou injustes, les lois bien ou mal faites, la France bien ou mal gouvernée? Égoïstes, qui se comportent comme des étrangers dans leur patrie, comme des enfants insensibles au bonheur et au malheur de leur famille.

Ils ne peuvent pas prétexter que le devoir politique prend trop de temps. Combien ce devoir réclame-t-il dans toute notre vie, je ne dis pas de jours, mais d'heures? Bien moins assurément que tant d'intérêts mesquins ou de plaisirs frivoles qui nous absorbent. Et pourtant, de ce devoir bien ou mal rempli dépend le sort même de la France.

Les indifférents, les abstentionnistes, comme on les appelle, s'excusent volontiers en disant : « Bast! que pèse ma voix dans l'ensemble? » Mauvaise excuse; mauvais prétexte. D'abord, il faut faire son devoir, quoi qu'il advienne. Ensuite, qu'arriverait-il si tout le monde pensait de même? Et prenons garde; il y a déjà 3o °/₀ d'électeurs qui ne votent pas; la souveraineté nationale ne s'exprime que par les deux tiers de ses membres!

Nous devons avoir une opinion réfléchie et sincère ; nous devons l'exprimer par notre vote, dans toutes les élections auxquelles la loi nous convie. Tous les citoyens sont solidaires; ils sont tous solidairement responsables de la gestion des affaires publiques. Vivre pour soi ne suffit pas. Il faut, dans sa vie et dans ses actes, faire la part des autres, la part de la République, la part de la Patrie!

Livret d'Électeur

Décret du Gouvernement provisoire de la République française, du 5 mars 1848 :

ARTICLE 5. — Le suffrage sera direct et universel.

Le *Livret d'Électeur* enseigne au citoyen comment il peut et doit exercer ses droits et remplir ses devoirs.

Le *Livret d'Électeur* sert à conserver le nom des candidats; leurs programmes; leurs votes au cours des mandats.

Le *Livret d'Électeur* sert encore à faciliter les votes futurs et à suivre strictement une ligne de conduite politique.

Armand Colin & Cⁱᵉ, Éditeurs

5, rue de Mézières, Paris

SOUVERAINETÉ NATIONALE

En France, tout pouvoir vient de la nation.

Les Droits de l'homme	Le Suffrage Universel	La République
ont été proclamés par	a été	a été organisée
l'Assemblée Constituante en 1789	établi par la République en 1848	par la Constitution de 1875

DROITS

Souveraineté du citoyen.

Égalité devant la loi.
   Admissibilité à tous les emplois.

Liberté individuelle.
   Inviolabilité du domicile.
   Liberté du travail.
   Droit de propriété.

Liberté de conscience.
   Liberté de la presse.

Responsabilité des fonctionnaires.

DEVOIRS

Voter selon sa conscience.
   Ne pas voter est une désertion.

Obéir aux lois.
   La loi est la volonté de la nation.

S'instruire.
   Sans instruction, pas de liberté politique.

Payer l'impôt.
   Sans impôts, pas de services publics.

Être soldat.
   Sans armée, pas d'indépendance nationale.

ORGANISATION DES POUVOIRS

Pouvoir législatif. **Pouvoir exécutif.** **Grands services publics.**

SUFFRAGE UNIVERSEL

Pouvoir législatif

Chambre des Députés
580 Députés environ
(Élus pour 4 ans)

Sénat
300 Sénateurs
(Élus pour 9 ans)

Président de la République
(Élu pour 7 ans)

Les Lois

Qui les propose ?	Qui les vote ?	Qui les promulgue ?	Qui les fait exécuter ?
Les Ministres. Les Députés. Les Sénateurs. (Parfois préparation par le Conseil d'État.)	La Chambre des Députés. Le Sénat.	Le Président de la République.	Les Ministres.

Pouvoir exécutif

MINISTRES

Guerre.

Marine.

Colonies.

Affaires étrangères.

Justice. (Conseil d'État.)

Instruction publique. Cultes et Beaux-Arts.

Agriculture.

Commerce et Industrie.

Travaux publics.

Finances.

Intérieur.
Exécution des lois. Sûreté générale. Prisons. Assist. publique. Hospices.

Préfet.
Conseil de préf.
S.-Préfet.
Maire.

Moyens de gouvernt — Services de sécurité — Services d'instr. — Services économiques

Grands services publics

Armée active, *3 ans.*
Réserve de l'armée active. *10 ans.*
Armée territoriale, *6 ans.*
Réserve de l'armée territ.. *6 ans.*

Flotte de guerre. { Inscription maritime sur les côtes, de 18 à 50 ans, engagements volont.

Administration, Commerce, Service pénitentiaire, Défense des Colonies.

Relations internationales.
Ambassadeurs. Consuls.

Justices de paix.
Conseils de prud'hommes.
Tribunaux de 1re instance.
Tribunaux de commerce.
Cours d'appel.
Cours d'assises (Jury).
Cour de cassation.

Enseignement primaire.
— secondaire.
— supérieur.

Comices et Concours agricoles.

Chambres de commerce.
Postes. Télégraphes, Téléphones.
Office du travail.

Canaux. Routes, Chemins de fer.

Contributions directes et indirectes.

Administration départementale.
Conseil général.
Administration de l'arrondissemt.
Conseil d'arrondissement.
Administration communale.
Conseil municipal.

DROIT ÉLECTORAL[1]

Conditions requises pour être électeur.

Être Français; — du sexe masculin; — âgé de 21 ans accomplis avant le 31 mars de l'année de l'inscription; — n'avoir pas été privé de ses droits politiques par jugement; — résider dans la commune ou y être inscrit au rôle d'une des quatre contributions directes ou au rôle des prestations en nature; — être inscrit sur les listes électorales.

L'inscription n'a pas lieu d'office; elle doit être demandée.

Droits de l'électeur.

Le suffrage universel est un droit individuel et un devoir social.

Le droit de vote appartient à tout homme dont l'indignité n'est pas constatée.

Le vote doit être libre.

La liberté de l'électeur est garantie par la liberté de la presse, — la liberté de réunion, — le secret du scrutin, — la sincérité des opérations électorales.

Toute pression, toute corruption, toute fraude est un attentat contre le droit de l'électeur et la souveraineté de la nation.

L'abstention est indigne d'un citoyen. Celui qui ne vote pas s'abaisse au niveau des individus que la loi prive de leurs droits.

Devoirs de l'électeur.

Pendant la confection des listes électorales. — Se faire inscrire ou s'assurer que son inscription antérieure a été maintenue.

Surveiller la confection des listes; requérir l'inscription des citoyens omis à tort et la radiation de ceux qui ne doivent pas y figurer.

Pendant la période électorale. — Prendre connaissance des programmes et entendre les candidats; se faire une opinion personnelle sur leur valeur et sur leur programme.

Respecter les affiches; s'abstenir de toute violence contre ses adversaires et de tout tumulte dans les réunions.

Engager ses parents, ses amis et ses voisins à voter.

Signaler à l'autorité judiciaire, à la presse et au public toute tentative de corruption ou de pression dont l'électeur serait l'objet ou le témoin.

Retirer sa carte électorale.

Pendant le scrutin. — Surveiller la constitution du bureau et ses actes; — faire constater les irrégularités; — les signaler à qui de droit.

Si l'électeur fait une réclamation, exiger qu'elle soit constatée au procès-verbal. En cas de refus, prendre des témoins.

Ne jamais entrer dans une assemblée avec des armes, apparentes ou cachées.

S'abstenir de toute délibération et de toute discussion dans le lieu du vote.

---

1. Les règles ci-après concernent les élections législatives, départementales et municipales.

Pendant le dépouillement. — Surveiller le dépouillement.

S'assurer que les bulletins non contestés sont détruits immédiatement; que les bulletins contestés sont paraphés par le bureau et annexés au procès-verbal.

Après le scrutin. — Vérifier la liste des émargements déposée à la mairie; signaler à qui de droit les faux émargements.

Listes électorales.

La liste est dressée, chaque année, en janvier. — Elle est unique dans les communes qui ne sont pas divisées en **sections**. — Si la commune est divisée en sections, il y a une liste par section.

La liste est **permanente** : une fois dressée, elle subsiste pour les années suivantes. On ne fait que la reviser, en ajoutant ou en retranchant des noms.

Le 15 janvier, au plus tard, elle est publiée.

Après le 31 mars, elle devient définitive.

Elle doit, alors, être communiquée à tout électeur qui le requiert. Elle peut être copiée, imprimée ou publiée.

Inscriptions.

Toute personne peut requérir l'inscription d'un citoyen qui a le droit de figurer sur la liste.

La demande est faite en personne ou par mandataire.

Les pièces requises pour l'inscription (acte de naissance, extrait du casier judiciaire, certificat de résidence, etc.) doivent être délivrées gratuitement.

Le maire qui, par malveillance, raye un électeur ou refuse de recevoir son inscription, peut être poursuivi devant les tribunaux. — Il en est de même de celui qui, dans l'intention de nuire, provoque la radiation d'un électeur par un motif reconnu faux.

On ne peut figurer, à la fois, sur deux listes électorales.

Réclamations et contestations.

En matière électorale, la procédure est gratuite.

L'électeur rayé d'office ou dont l'inscription est contestée doit en être informé par le maire.

Il a 20 jours pour réclamer à la mairie, à partir du 15 janvier. Le délai expire le 4 février à minuit.

Un registre spécial existe à la mairie pour recevoir les réclamations.

. La réclamation est faite verbalement ou par écrit. **Exiger un récépissé.**

Jugement des réclamations et contestations.

Les réclamations et contestations sont jugées par une **commission municipale de revision.**

Cette commission statue dans les premiers jours de février.

Les décisions doivent être notifiées dans les 3 jours.

Pendant 5 jours après la notification, on peut appeler devant le juge de paix.

Pour appeler, il suffit de faire une déclaration reçue et inscrite par le greffier.

Les intéressés sont convoqués 3 jours avant le jugement.

Le juge de paix statue dans les 10 jours.

Si le jugement est par défaut, le défaillant a 3 jours pour former opposition.

Le jugement peut être déféré à la Cour de cassation.

Clôture des listes.

Les listes sont arrêtées définitivement le 31 mars. — **L'électeur qui n'est pas inscrit à cette date ne peut voter dans l'année,** sauf l'exception qui suit.

RÉSUMÉ

15 janvier..........	Publication des listes.
4 février (à minuit)....	Expiration du délai de 20 jours pour réclamer son inscription ou la radiation des électeurs inscrits à tort.
10 février (généralement).	La commission municipale de revision statue sur les réclamations.
31 mars............	Clôture définitive des listes pour l'année courante.

Modifications aux listes.

Le maire est toujours tenu d'inscrire, même après le 31 mars, ceux sur la réclamation desquels il n'a été statué par le juge de paix ou la Cour de cassation qu'après cette date.

Il doit à toute époque rayer les noms des décédés ou des individus devenus incapables ou déclarés indignes.

Un tableau des modifications apportées à la liste doit être publié 5 jours avant l'élection.

Carte électorale.

Une carte électorale est délivrée à chaque électeur. Elle indique le lieu du vote. Elle ne dispense pas l'électeur de prouver son identité au moment du vote, en cas de contestation.

Mais l'électeur, dont l'identité est certaine, doit être admis à voter, même s'il n'est pas porteur de sa carte.

Période électorale.

Durée. — La période électorale dure depuis la convocation des électeurs jusqu'au jour du vote.

Affiches. — Les affiches ne peuvent être imprimées sur papier blanc. Elles sont dispensées du Timbre. Il est interdit de les enlever, déchirer ou recouvrir par d'autres.

Journaux. — En vertu du droit commun, tout citoyen nommé dans un journal a le droit de réponse.

Réunions publiques. — Les réunions publiques électorales peuvent avoir lieu 2 heures après la déclaration qui en est faite par 2 personnes, dont l'une, au moins, est domiciliée dans la commune.

Vote.

Personnes qui ne peuvent voter. — Ne peuvent voter, quoique inscrits sur les listes : les détenus; — les personnes placées dans les établissements d'aliénés ; — les militaires ou marins en activité (sauf ceux en congé régulier de plus de 30 jours).

Le vote de ces personnes ne peut être refusé par le bureau; mais il peut vicier l'élection; les votants s'exposent, dans certains cas, à des pénalités.

Bureau de vote. — Le bureau de vote est présidé par le maire, les adjoints ou les conseillers municipaux.

Le président est assisté de 4 assesseurs, qui sont, pour les élections législatives et départementales, les conseillers municipaux pris dans l'ordre du tableau et, pour les élections municipales, les 2 plus âgés et les 2 plus jeunes des électeurs présents à l'ouverture de la séance.

Trois membres doivent toujours être présents pendant toute la durée des opérations.

Le bureau statue provisoirement sur les difficultés qui se présentent à l'occasion du vote.

Ses décisions doivent être motivées.

Toutes les réclamations doivent être consignées au procès-verbal.

Le bureau doit parapher et annexer au procès-verbal les bulletins contestés.

Manière de voter. — Remettre au président son bulletin préparé en dehors de l'assemblée.

Le bulletin doit être sur papier blanc et sans aucun signe extérieur. Il est remis plié au président.

S'assurer que le bulletin déposé dans l'urne est bien celui remis au président et que l'émargement du nom de l'électeur est fait sur la liste électorale par un des assesseurs.

Dépouillement.

Le scrutin est dépouillé aussitôt après la clôture du vote et dans le lieu même. Le dépouillement est fait par le bureau, s'il y a moins de 300 votants; au-dessus de ce chiffre, il est désigné des scrutateurs.

Les électeurs doivent pouvoir circuler librement autour du bureau ou des scrutateurs pendant le dépouillement.

Dès que la boîte est ouverte, les bulletins sont comptés; — s'assurer que le compte est exact et que le nombre des bulletins est égal au nombre des votants. — S'il est moindre ou plus considérable, le faire constater et exiger qu'il en soit fait mention au procès-verbal. Il ne doit jamais être tenu compte que du chiffre inférieur.

Au scrutin de liste, les noms en trop ne comptent pas.

On doit mettre de côté pour être annexés au procès-verbal : les bulletins sur papier de couleur, ou portant un signe extérieur; — les bulletins blancs ou illisibles; — ceux qui ne contiennent pas une désignation suffisante; — ceux qui sont signés ou font connaître le nom du votant; — ceux qui contiennent des injures.

Le résultat est annoncé immédiatement après le dépouillement.

Il est bon que plusieurs électeurs s'entendent pour en prendre note. S'il venait à être modifié après coup, s'assurer des causes de cette modification, et au besoin la faire constater.

Les bulletins non annexés au procès-verbal sont détruits immédiatement.

Majorité.

Majorité absolue. — C'est la moitié plus un des suffrages valables, a la condition que le nombre de ces suffrages égale au moins le quart des électeurs inscrits.

Majorité relative. — C'est le nombre de suffrages obtenus par le candidat le plus favorisé, quel que soit ce nombre.

Suffrages qui ne comptent pas dans le nombre des votes valables. — Ne comptent pas : les bulletins blancs ou illisibles; — ceux qui ne contiennent pas une désignation suffisante ; — ceux dans lesquels l'électeur se fait connaitre ; ceux qui contiennent des mentions injurieuses ; — ceux enfin portant le nom de personnes ne s'étant pas conformées aux prescriptions de la loi du 17 juillet 1889 sur les candidatures multiples.

Suffrages qui comptent dans le nombre des votes valables, mais ne profitent pas aux candidats désignés. — Ce sont ceux : qui ne sont pas sur papier blanc ; — ceux qui portent à l'extérieur un signe de reconnaissance.

Proclamation du résultat.

Le lieu de la proclamation varie suivant les différentes élections. (Voir pages 11, 15.)

Délits et pénalités en matière électorale.

Sont punis d'amende ou de prison. — Ceux qui se font inscrire illégalement sur les listes électorales.

Ceux qui, ayant perdu le droit de figurer sur les listes, profitent d'une inscription antérieure pour voter.

Ceux qui votent pour un autre en empruntant son nom.

Ceux qui profitent d'inscriptions multiples pour voter plus d'une fois.

Ceux qui, chargés par un électeur d'écrire son suffrage, ont écrit sur le bulletin un autre nom que celui qui était désigné.

Ceux qui entrent dans une assemblée électorale avec des armes apparentes ou cachées (circonstance aggravante).

Ceux qui donnent ou promettent de l'argent pour faire voter ou empêcher de voter, et ceux qui reçoivent cet argent.

Ceux qui répandent de fausses nouvelles ou des calomnies pour faire voter ou empêcher de voter.

Ceux qui, par violence ou menace, troublent les opérations de l'assemblée électorale ou la liberté du vote.

Ceux qui se rendent coupables d'outrages ou de violences envers les membres du bureau électoral.

Ceux qui enlèvent les urnes avant le dépouillement.

Ceux qui, étant membres du bureau, violent le scrutin.

La prescription des délits est de trois mois à compter du jour de l'élection.

ÉLECTIONS AU SÉNAT

Attributions. — Le Sénat réuni à la Chambre des députés forme l'*Assemblée nationale*, chargée d'élire le Président de la République et de reviser la Constitution.

La Chambre ne peut être dissoute que par le Président de la République, sur l'avis conforme du Sénat.

Le Sénat a, concurremment avec la Chambre, l'initiative et la confection des lois. Avec elle, il approuve les traités de paix, de commerce, les traités qui engagent les finances de l'État, l'état des personnes et le droit de propriété des Français à l'étranger. — La guerre ne peut être déclarée sans l'assentiment des deux Chambres.

Le Sénat peut être constitué en Haute-Cour de justice, pour juger le Président de la République, les ministres et les auteurs d'attentats contre la sûreté de l'État.

Ses membres sont inviolables et ne peuvent être traduits devant les tribunaux de répression pendant la durée de la session qu'avec l'autorisation du Sénat.

Composition. — Le Sénat se compose de 300 membres, élus par les départements et les colonies. — Il se renouvelle par tiers tous les trois ans.

Éligibilité. — Pour être éligible, il faut avoir 40 ans d'âge et jouir de ses droits civils et politiques.

Électeurs sénatoriaux. — Sont électeurs sénatoriaux : les députés ; — les conseillers généraux ; — les conseillers d'arrondissement ; — les délégués et suppléants élus parmi les électeurs de chaque commune par le conseil municipal.

Tout électeur peut prendre communication à la préfecture de la liste des conseillers municipaux, dès que la période électorale est ouverte.

Protestations. — Tout électeur peut, pendant trois jours après l'élection des délégués, adresser une protestation au préfet contre sa régularité.

Tout électeur peut attaquer la nomination des délégués ou des suppléants. Le conseil de préfecture statue, sauf recours au conseil d'État.

Indemnité aux délégués. — Les délégués qui ont pris part à tous les scrutins ont droit à une indemnité.

Les délégués qui, sans cause légitime, ne prennent pas part à tous les scrutins ou n'avertissent pas le suppléant en temps utile, sont condamnés à une amende de 50 francs.

Élection des sénateurs. — Pour être élu sénateur, il faut réunir aux 1er et 2e tours de scrutin : 1° la majorité absolue ; 2° un nombre de voix égal au quart des électeurs inscrits. — Au 3e tour, la majorité relative suffit. — Si deux candidats obtiennent le même nombre de voix, le plus âgé est élu.

Validation. — Le Sénat valide les pouvoirs de ses membres. Les protestations sont reçues jusqu'à la validation.

Élection sénatoriale du ....

Département de ....

CANDIDATS :	Voix obtenues			OBSERVATIONS RECUEILLIES pendant l'exercice du mandat.
	1er TOUR	2e TOUR	3e TOUR	
M..				
M..				
M..				
M..				
M..				

PROGRAMME DES CANDIDATS : ....

....

....

....

Élection sénatoriale du ....

Département de ....

CANDIDATS :	Voix obtenues			OBSERVATIONS RECUEILLIES pendant l'exercice du mandat.
	1er TOUR	2e TOUR	3e TOUR	
M..				
M..				
M..				
M..				
M..				

PROGRAMME DES CANDIDATS : ....

....

....

....

ÉLECTIONS A LA CHAMBRE DES DÉPUTÉS

Attributions. — La Chambre des députés concourt, avec le Sénat, à l'élection du Président de la République, et à la revision de la Constitution.

Les ministres sont responsables devant elle.

Les pouvoirs législatifs de la Chambre sont les mêmes que ceux du Sénat (p. 9). Toutefois, les lois de finances doivent être soumises à la Chambre d'abord.

C'est à la Chambre seule qu'il appartient de mettre en accusation le Président de la République et les ministres.

Les députés jouissent des mêmes immunités que les sénateurs.

Composition. — La Chambre se compose d'environ 580 membres, nommés par le suffrage universel direct, à raison de 1 par arrondissement ou circonscription d'arrondissement. Les arrondissements dont la population dépasse 100 000 habitants nomment un député de plus par 100 000 habitants ou fraction de 100 000 habitants.

Durée du mandat. — Les députés sont élus pour quatre ans. Le renouvellement est intégral.

Éligibilité. — Pour être éligible, il faut avoir vingt-cinq ans d'âge et n'être pas déclaré exclu ou *inéligible par la loi*. Il faut en outre avoir fait à la Préfecture déclaration de candidature cinq jours avant l'élection.

Les candidatures multiples sont interdites.

Élection. — Pour les conditions générales, voir p. 4 et suiv.

La durée de la période électorale est de *vingt jours au moins*.

Le résultat de l'élection est proclamé au chef-lieu après recolement des votes.

En cas de ballottage, le 2ᵉ tour de scrutin a lieu quinze jours après le 1ᵉʳ tour.

Protestations. — Tout électeur de la circonscription peut protester contre l'élection d'un député.

Les protestations sont envoyées à la Chambre des députés jusqu'à la validation.

La Chambre a un pouvoir souverain d'appréciation.

Élection législative du ....

Département d .... Circonscription de ....

CANDIDATS EN PRÉSENCE	VOIX obtenues.	OBSERVATIONS RECUEILLIES durant l'exercice du mandat.
M..	....	....
M..	....	....
M..	....	....
M..	....	....
M..	....	....

PROGRAMME DES CANDIDATS : ....

....

....

....

....

BALLOTTAGE

CANDIDATS EN PRÉSENCE	VOIX obtenues.	OBSERVATIONS RECUEILLIES durant l'exercice du mandat.
M..	....	....
M..	....	....
M..	....	....

PROGRAMME DES CANDIDATS : ....

....

....

....

....

Élection législative du ....

Département d .... Circonscription de ....

CANDIDATS EN PRÉSENCE	VOIX obtenues.	OBSERVATIONS RECUEILLIES durant l'exercice du mandat.
M...	....	....
M...	....	....
M...	....	....
M...	....	....
M...	....	....

PROGRAMME DES CANDIDATS : ....

....

....

....

....

BALLOTTAGE

CANDIDATS EN PRÉSENCE	VOIX obtenues.	OBSERVATIONS RECUEILLIES durant l'exercice du mandat.
M...	....	....
M...	....	....
M...	....	....

PROGRAMME DES CANDIDATS : ....

....

....

....

....

Élection législative du ....

Département d .... Circonscription de ....

CANDIDATS EN PRÉSENCE

CANDIDATS EN PRÉSENCE	VOIX obtenues.	OBSERVATIONS RECUEILLIES durant l'exercice du mandat.
M...................................	....	....
M...................................	....	....
M...................................	....	....
M...................................	....	....
M...................................	....	....

PROGRAMME DES CANDIDATS : ....

....

....

....

....

BALLOTTAGE

CANDIDATS EN PRÉSENCE	VOIX obtenues.	OBSERVATIONS RECUEILLIES durant l'exercice du mandat.
M...................................	....	....
M...................................	....	....
M...................................	....	....

PROGRAMME DES CANDIDATS : ....

....

....

....

....

ÉLECTIONS AU CONSEIL GÉNÉRAL

Attributions. — Le conseil général répartit entre les arrondissements les contributions directes (session d'août).

Il détermine le nombre des centimes extraordinaires communaux mis à la disposition des conseils municipaux.

Il statue sur les affaires concernant le patrimoine privé du département; — la voirie départementale; — les institutions de bienfaisance; — sur les travaux qui intéressent à la fois le département et les communes; — sur l'établissement des octrois municipaux; etc., etc.

Il émet des avis et des vœux sur les questions d'administration générale. — Les vœux politiques sont interdits.

Sessions. — Il tient 2 sessions ordinaires : l'une commence le 1er lundi qui suit le 15 août; l'autre, le deuxième lundi qui suit Pâques. — Il peut être convoqué en session extraordinaire.

Les séances sont publiques.

Commission départementale. — Dans l'intervalle des sessions, une commission départementale, élue par le conseil général, règle les affaires qui lui sont renvoyées par le conseil et contrôle l'administration départementale.

Éligibilité. — Être électeur; — avoir 25 ans accomplis; — être domicilié ou contribuable dans le département; — n'être dans aucun cas d'exception, d'exclusion ou d'incompatibilité prévu par la loi.

Élection. — La période électorale est de 15 jours au moins. Chaque canton élit un conseiller. Les conseillers généraux sont élus pour 6 ans. Le renouvellement a lieu tous les 3 ans, par moitié.

Ballottage. — Le 2e tour de scrutin a lieu 8 jours après le 1er.

Proclamation du résultat. — Le bureau du chef-lieu fait le recensement général des votes. Le résultat est proclamé aussitôt après.

Réclamations. — Tout électeur a le droit de protester.

La réclamation est consignée au procès-verbal ou déposée soit à la préfecture, soit au secrétariat du conseil d'État, dans les 10 jours qui suivent l'élection.

ÉLECTIONS AU CONSEIL D'ARRONDISSEMENT

Attributions. — Les conseils d'arrondissement répartissent les contributions directes entre les communes.

Ils statuent sur les réclamations et les demandes en réduction des communes. Ils émettent des avis et des vœux.

Élection. — Les conseils d'arrondissement se composent d'au moins neuf membres. Chaque canton élit un conseiller, sauf dans les arrondissements comptant moins de neuf cantons : dans ces arrondissements les cantons les plus peuplés nomment plusieurs conseillers.

La durée du mandat est de 6 ans, le renouvellement a lieu par moitié, tous les 3 ans.

Le reste, comme pour le conseil général.

Élection au Conseil général du...

Département de.. Canton de...

CANDIDATS EN PRÉSENCE	VOIX obtenues.	OBSERVATIONS RECUEILLIES durant l'exercice du mandat.
M..	....	....
M..	....	....
M..	....	....
M..	....	....
M..	....	....

PROGRAMME DES CANDIDATS : ....
....
....
....

BALLOTTAGE

CANDIDATS EN PRÉSENCE	VOIX obtenues.	OBSERVATIONS RECUEILLIES durant l'exercice du mandat.
M..	....	....
M..	....	....
M..	....	....

PROGRAMME DES CANDIDATS : ....
....
....
....

Élection au Conseil général du ....

Département de .... Canton de ....

CANDIDATS EN PRÉSENCE	VOIX obtenues.	OBSERVATIONS RECUEILLIES durant l'exercice du mandat.
M............................		
M............................		
M............................		
M............................		
M............................		

PROGRAMME DES CANDIDATS : ....

....

....

....

....

BALLOTTAGE

CANDIDATS EN PRÉSENCE	VOIX obtenues.	OBSERVATIONS RECUEILLIES durant l'exercice du mandat.
M............................		
M............................		
M............................		

PROGRAMME DES CANDIDATS : ....

....

....

....

Élection au Conseil d'arrondissement du..........................

Département de .... Canton de ....

~~~~~~~~~~

CANDIDATS EN PRÉSENCE	VOIX obtenues.	OBSERVATIONS RECUEILLIES durant l'exercice du mandat.
M...	....	....
M...	....	....
M...	....	....
M...	....	....
M...	....	....

PROGRAMME DES CANDIDATS : ....

....

....

....

....

BALLOTTAGE

CANDIDATS EN PRÉSENCE	VOIX obtenues.	OBSERVATIONS RECUEILLIES durant l'exercice du mandat.
M...	....	....
M...	....	....
M...	....	....

PROGRAMME DES CANDIDATS : ....

....

....

....

....
~~~~~~~~~~

Élection au Conseil d'arrondissement du _______

Département de _______ Canton de _______

CANDIDATS EN PRÉSENCE	VOIX obtenues.	OBSERVATIONS RECUEILLIES durant l'exercice du mandat.
M _______	_______	_______
M _______	_______	_______
M _______	_______	_______
M _______	_______	_______
M _______	_______	_______

PROGRAMME DES CANDIDATS : _______

____

____

____

____

BALLOTTAGE

CANDIDATS EN PRÉSENCE	VOIX obtenues.	OBSERVATIONS RECUEILLIES durant l'exercice du mandat.
M _______	_______	_______
M _______	_______	_______
M _______	_______	_______

PROGRAMME DES CANDIDATS : _______

____

____

____

____

ÉLECTIONS AU CONSEIL MUNICIPAL

Attributions. — Élire le maire et les adjoints; voter le budget municipal; régler les affaires et gérer la fortune mobilière ou immobilière de la commune; donner des avis. — Émettre des vœux d'intérêt local. — Certaines délibérations sont soumises à l'approbation du préfet.

Les délibérations prises en dehors des attributions du conseil municipal sont nulles.

Il est interdit à tout conseil municipal soit de publier des proclamations ou adresses; soit d'émettre des vœux politiques; soit, hors des cas prévus par la loi, de se mettre en communication avec d'autres conseils municipaux.

Sessions. — Il y a 4 sessions ordinaires : en février, mai, août et novembre. — Les séances sont publiques.

Éligibilité. — Avoir 25 ans accomplis ; être électeur de la commune ou inscrit aux contributions directes (sauf les cas d'incompatibilité prévus par la loi).

Élection. — Voir les règles générales p. 4 et suiv.

Le nombre des conseillers municipaux varie de 12 à 36, d'après la population.

La duré du mandat est de 4 ans. — L'élection a lieu en mai.

Listes électorales. — Ont droit à être inscrits: ceux qui ont leur domicile réel dans la commune ou y habitent depuis 6 mois au moins; ceux qui sont inscrits au rôle d'une des 4 contributions directes ou au rôle des prestations en nature, et qui, s'ils ne résident pas dans la commune, ont déclaré vouloir y exercer leurs droits électoraux. — Cette déclaration est faite à la mairie.

Ballottage. — Le 2ᵉ tour a lieu 8 jours après le 1ᵉʳ.

Réclamation contre le vote. — Tout électeur peut réclamer contre les opérations électorales.

La réclamation doit être consignée par le bureau, si elle se produit au moment du vote ; ensuite, un délai de 5 jours est ouvert pour déposer la protestation soit à la mairie, soit à la préfecture, soit à la sous-préfecture.

La protestation est déposée en personne ou par mandataire. — Exiger un récépissé.

Le conseil de préfecture statue, sauf l'appel au conseil d'État qui est toujours suspensif.

Élection des maires et des adjoints. — Tout électeur peut protester contre l'élection du maire et des adjoints, si elle est irrégulière. — La réclamation a lieu dans les 5 jours qui suivent la proclamation de l'élection.

Élection au Conseil municipal du ....

Département de .... Commune de ....

1ᵉ Liste.	VOIX obtenues.	2ᵉ Liste.	VOIX obtenues.	3ᵉ Liste.	VOIX obtenues.
M	....	M	....	M	....
M	....	M	....	M	....
M	....	M	....	M	....
M	....	M	....	M	....
M	....	M	....	M	....
M	....	M	....	M	....
M	....	M	....	M	....
M	....	M	....	M	....
M	....	M	....	M	....
M	....	M	....	M	....
M	....	M	....	M	....
M	....	M	....	M	....
M	....	M	....	M	....
M	....	M	....	M	....
M	....	M	....	M	....
M	....	M	....	M	....
M	....	M	....	M	....
M	....	M	....	M	....
M	....	M	....	M	....
M	....	M	....	M	....
M	....	M	....	M	....
M	....	M	....	M	....
M	....	M	....	M	....
M	....	M	....	M	....
M	....	M	....	M	....
M	....	M	....	M	....
M	....	M	....	M	....

OBSERVATIONS ....

....

Élection au Conseil municipal du ....

Département de .... Commune de ....

1ʳᵉ Liste.	VOIX obtenues.	2ᵉ Liste.	VOIX obtenues.	3ᵉ Liste.	VOIX obtenues.
M............	....	M............	....	M............	....
M............	....	M............	....	M............	....
M............	....	M............	....	M............	....
M............	....	M............	....	M............	....
M............	....	M............	....	M............	....
M............	....	M............	....	M............	....
M............	....	M............	....	M............	....
M............	....	M............	....	M............	....
M............	....	M............	....	M............	....
M............	....	M............	....	M............	....
M............	....	M............	....	M............	....
M............	....	M............	....	M............	....
M............	....	M............	....	M............	....
M............	....	M............	....	M............	....
M............	....	M............	....	M............	....
M............	....	M............	....	M............	....
M............	....	M............	....	M............	....
M............	....	M............	....	M............	....
M............	....	M............	....	M............	....
M............	....	M............	....	M............	....
M............	....	M............	....	M............	....
M............	....	M............	....	M............	....
M............	....	M............	....	M............	....
M............	....	M............	....	M............	....
M............	....	M............	....	M............	....
M............	....	M............	....	M............	....

OBSERVATIONS ....

....

Élection au Conseil municipal du _______________

Département de _______________ Commune de _______________

1ᵉ Liste.	VOIX obtenues.	2ᵉ Liste.	VOIX obtenues.	3ᵉ Liste.	VOIX obtenues.
M		M		M	
M		M		M	
M		M		M	
M		M		M	
M		M		M	
M		M		M	
M		M		M	
M		M		M	
M		M		M	
M		M		M	
M		M		M	
M		M		M	
M		M		M	
M		M		M	
M		M		M	
M		M		M	
M		M		M	
M		M		M	
M		M		M	
M		M		M	
M		M		M	
M		M		M	
M		M		M	
M		M		M	
M		M		M	
M		M		M	
M		M		M	

OBSERVATIONS _______________

TABLE DES MATIÈRES

	Pages
Souveraineté nationale	2
Organisation des pouvoirs publics	3
Droit électoral	4
Conditions pour être électeur	4
Droits de l'électeur	4
Devoirs de l'électeur	4
Listes électorales	5
Inscriptions	5
Réclamations et contestations	5
Jugement des réclamations et contestations	5
Clôture des listes	6
Modifications aux listes	6
Carte électorale	6
Période électorale	6
Vote	7
Dépouillement	7
Majorité	8
Proclamation du résultat	8
Délits et pénalités en matière électorale	8
Élections au Sénat	9
Tableaux pour les élections sénatoriales	10
Élections à la Chambre des députés	11
Tableaux pour les élections législatives	12, 13, 14
Élections au conseil général et au conseil d'arrondissement	15
Tableaux pour les élections au conseil général	16-17
Tableaux pour les élections au conseil d'arrondissement	18-19
Élections au conseil municipal	20
Tableaux pour les élections municipales	21, 22, 23
Table des matières	24

Paris. — Imp. E. Capiomont et Cie, rue des Poitevins, 6.